TODO SERÁ
TU NOMBRE

Javier Bermúdez Gómez

ELVO Editorial · Poesía
info@elvoeditorial.com
www.elvoeditorial.com

Primera Edición: septiembre 2024.

© Javier Bermúdez Gómez.
© ELVO editorial.
© de la fotografía de solapa: .Javier Malo
© de la fotografía de portada: Helvia de Campos.
© diseño cubierta y maquetación: Daniel Moscugat.
Todos los derechos reservados.

Dep. Legal: MA 2425-2024
ISBN: 978-84-128378-5-8

TODO SERÁ
TU NOMBRE

Javier Bermúdez Gómez

Nota introductoria

Al leer los poemas de *Todo será tu nombre* uno alberga la sensación de contemplar una honesta luz de realidad y de belleza, esto es, la luz de un lenguaje que quiere ser infinito en la concreción formal y en la figuración semántica de lo que en él se configura como potencia de sentido. Sin duda, con este título Javier Bermúdez consigue que la poesía se adorne de sublimación, pero sin restar verdad a la expresión de diversos instantes teñidos de tristeza, intimismo o reflexión pausada. La honda voz que circula por *Todo será tu nombre* se revela plural y abarcadora en un soberano afán de trascendencia casi mística, y con ello perdura en el eco de estos poemas lo que podría denominarse revitalización de experiencias y memoria. No en balde se suceden las palabras hasta lograr que la ligereza de vivir se concrete en la sustancia real de lo que Javier Bermúdez poetiza con destreza de genio natural. En definitiva, hay en este libro un eje biográfico que apunta a cualquier lector atento, y que impera a lo largo de las páginas como claro signo de libertad cantada sin complejos. Lean, lean *Todo será tu nombre* y díganme si afuera la vida, luego, sigue igual.

Antonio Díaz Mola

A ti, en obediencia.

«[...] cuando todo es igual y tú lo sabes».

Luis Rosales, *La casa encendida (1949)*.

Todo será
tu nombre

Javier Bermúdez Gómez

La casa y el cuerpo

«Esta casa no es la que era.
Compasivamente, en la noche,
sigue acunándonos».

José Hierro, «*La Casa*», *Agenda (1991).*

I

porque la vida es igual y diferente
y tú lo sabes
al tiempo ya vivido
que amarga el pecado original
con ojos quebrados que amanecen
después de otra noche pérfida de llanto

igual el pensamiento
iguales las mentiras u omisiones
reconoces
torturándote los días
que se agarran
y exactamente igual te desagradan

pero ahora es el presente
y hay surcos de lluvia en los cristales
de esta estación seca
que cansa tanto el cuerpo
que aprieta tercamente ya la casa
que empapa de lágrimas gritos de alegría
porque son lo mismo
como es la misma la vida inhabitada

el desaliento silencioso como un luto
o la asfixia torturante de un final
que no se ensaya
y abraza fraternal
sin más arrecho
el tiempo cotidiano que nos resta.

II

quién dijo perfume o qué es la muerte
si eres nada
si soy nada vestido de oficina
dando fe y levantando acta
de un éxito disfrazado en burocracias
de una vida de tardes que se alargan
hasta cualquier noche y su rutina
cuando llegas y las flores se han secado
cortadas ya no duran ni perfuman
esta casa que espera su derrota

quién dijo entonces qué es vivir
si el tiempo te desgasta
rozando los huesos sin mesura
si las horas y minutos atraviesan
a perpetuidad
el cuerpo del amante juvenil
como carne adulta que se extingue
en piel desfigurada de hombres solos

quién dirá si este es el cuerpo
si lo fue siempre

o lo será mañana cuando yazca
enquistado de olvido como nada
cuerpo de nadie floreciente
en la misma casa que ahora nos cobija
perfumado con su aroma todavía
y tú lo sabes
por guardar tu luz poca con la mía.

III

el invierno se hizo fuerte aquel diciembre
enfrió el corazón en su mitad
encaraba al cielo un lecho sórdido de lirios
mientras la casa entristecía
entre árboles en llamas
a los pies de un dios muerto de miedo

igual es esta vida que rodea los hospitales
e inunda con informes los estantes
resultando en un instante
en otro inmenso mar deshabitado

igual y diferente
el día ha levantado diariamente
a sellar la vida mesurada
que allegue un nuevo abrazo
luzca un nombre nuevo
o allane al alma deseante
con los restos del esperma
que anoche se ensanchara por tu espalda

igual ha amanecido como todos
quedamente
en la cama principal amortiguada de reproches
brotes que se acunan torpes
como hijos no nacidos
como todos los hijos que soñé y no lo fueron
por ello este silencio de claustros en la casa
se hace fuerte en contra nuestra
que es su contra
y tú lo sabes
cuando amanezca el lunes
y vuelva en sí la vida inhabitada.

IV

esta mañana imaginé que llamaban a la puerta
acudía denodado y presuroso
desde la cima de Athos
a abrir puertas y ventanas
dejar volar al niño alado
y salvar vidas que otro dios desamparaba

pero todo se imagina en esta casa
y tú lo sabes
porque es todo del sueño
y solo restan legañas atrasadas en los ojos
con regusto amargo a exceso de tabaco

buenos días
aquí dejo su encargo

esta mañana golpearon en la casa
intermitentemente
el pasado de una infancia con disfraces
los juegos en la plaza castellana
la playa en un agosto anochecido
y mil cuerpos de deseo irreales

no eran más
que visitas indecisas de fantasmas
perdidos en un lapso de memoria
basura amontonada por el miedo
a volver al umbral de lo vivido
perder sus escombros favoritos
o llenar de vacío las paredes de la casa

buenos días
aquí tiene su encargo

barrer la vida
vaciar armarios
prender el fuego
y ni habitaba sombra el monte Athos.

V

porque esta casa era quietud y abrazos
que tú dabas
y sola en su final
donde sus muebles humedecen de lágrimas el suelo
se ven partir
por ese vacío que deja
la ausencia presentida
las paredes de un gotelé empapado
por imposibles primaveras infelices
o el amor de transición que nos llegó
hoy todo claroscuro
escombro
material de derribo desprendido
sobre un nicho silente que descarna

porque quedó todo por decir
no hay más preguntas
palabras que el viento arrambla
y a cambio se olvidó los trastos viejos
entre el gusto a herrumbre
de una felicidad intermitente

porque es la vida inhabitada
un extra de alegría
en el tiempo declinado de la espera
es rutina arrobada
que contempla la ruina de la casa
mientras callan marchitados los inviernos

eres tú
cual eras
con la debida obediencia
quien engaña con sonrisas
el polvo amontonado en la memoria
como un muro de defensa
que torna en flor la vida arrebatada

llegados a este punto
donde oscurece y la carne
cierra el día
todo en calma es nada
y tú lo sabes
nadie aguardará otra noche
cuando duele hasta tu nombre
y nos vacía el alma la casa inhabitada.

La luz y el cuerpo

«[…] No te pidan
luz. Mejor en la sombra
amor se comunica».

José Hierro, *«El Libro», Quinta del 42 (1952).*

I

la luz no ciega
el mar no calla
escandalosas estas vistas
repetías
y en el empeño
propusiste la reforma de la casa sin mañana
cuando el tiempo anegaba el porvenir
y tan pequeño
mi día era menos que sus horas

pero aún salía yo a trabajar
y neciamente
poner tildes en las sombras
abandonando los poemas
que a mitad de la semana
en el repaso de lecciones
encontraba en blanco y negro
anudados a tus planes de futuro
los miraba yo de reojo
y piadoso
me empujabas tú a un mundo con balcones a la calle

es la luz que necesita
en mis dudas de verdades que refulgen
todo el fondo
iluminado de estrellas que reflejen
todo el cuerpo
abandonado de maleza en un brocal
es la estrella imaginaria que reflecta
me decía
cuanto incendia la ilusión ilimitada
de tus planos y medidas moribundos por la mesa

hoy observo con un hambre ya atrasada
golondrinas sin alcance
y otras aves
en tu luz superviviente
a las lunas de estos meses de presidio
belleza inmensa ahogada
y tú los sabes
tras los ojos esos tuyos transparentes
como tierra abonada en que amaneces
sin un gesto viejo helado de deseo
ni raíces que interrumpan la mudanza

eras todo tú
la luz ciega la nada.

II

nuestras vidas no han cambiado
en su penar
aunque vaguen como locas
miren las ventanas hacia el norte
o huérfanos andemos
en un irremediable recuerdo de querernos

a la luz de la luna
como un adiós enorme a plazos
quedan meses insomnes de otras noches
que llenaron con insectos este cuerpo
que hoy dibuja marcas
venas
cruces
llagas
ya sin cura
del espejo erizado del ocaso
al mañana del retorno cotidiano

en su descargo
preparas con esmero una cena inesperada
sin las ganas del principio novedoso

porque ya no somos jóvenes de vuelta
en san vicente ferrer
casi al alba
apestando al rancio aroma oscuro de la noche
que habita en el recuerdo o el olvido
cuando en el piso sin jardín
y apenas nada
esperaba la sorpresa de otro cuerpo
revueltos mis instintos entre sus intestinos

pero todo se imagina en esta casa
y tú lo sabes
a pesar de la tarta fallida de manzana
que agradece un orbe extenso
y exquisita nos devora las entrañas

apagas tú la luz
yo en cambio la nada.

III

al amanecer en tu mirada
un instante es siempre
porque todo es pronto en la tristeza
cuando empujan la emoción
y las promesas incumplidas de verano
hasta donde ya no quedan ganas
ni pérdida
ni tálamo
ni ascuas

a la espera la mañana
amotinada
enloqueciente
muda en el sofá lleno de facturas impagadas
hasta el buenos días sangrado
con una mueca abierta y compañera
que ata amor al mundo
y tú lo sabes

hijos que hoy de nuevo añoras
cuando vuelves tarde del trabajo
o te retiene una nevada en ciudades

de moteles pasajeros
pasillo
ventanilla
o sexo nuevo

pero es otoño ya
y la luz menguada
no está hecha al fin para el reproche
un sabor a música profana
escaseante la comida
sobreviven
torpemente
las plaquetas de este cuerpo
que en su feliz abandono
templa el pulso
para llegar a contemplarte en la puerta
soltando las maletas
todos rápido a tu encuentro
porque todo es triste en la premura
cuando prendes la vida
y el mundo que dejaste alborea enfebrecido.

IV

llega todo en su final
a vaciar lo poco donde escuecen las heridas
tanta la vida
tanta mi luz oscurecida
que se nublan tus pupilas
cuando ves que yo era otro
todo inabarcable
en el frágil ser de mediodía

hoy que son pálidos los días
y has rendido un vasallaje inasumible
a un amor sin condición reconocido
cuando era exiguo todo
en este cuerpo que ya tanto desconoces
a la luz que enverdece los momentos de alegría
mientras campan a sus anchas
demonios de un pasado derretido
y fantasea lo cotidiano en ser corriente
como es corriente el río
escupiendo maldades en melena
o barriendo malcarados
el jardín desflorecido

suena no lejana la campana
que anuncia el mediodía
otro más
un suicida inoportuno de caricias
que no supo
acaso no quisiera
y tú lo sabes
marchar a tiempo del naufragio del invierno

eres ya la luz
entre afligida
o navegante
en esta pérdida tardía de los muertos.

V

no entiendes las canciones melancólicas
de dolor adolescente
ni sus letras apenadas
ni el anuncio de desastre
en la vida que frecuentas
en mi yo inevitable
y tú lo sabes
a estas horas y minutos
a la altura de estas calles
en la edad del sosiego de los hombres
mientras yo sigo ahí
agazapado
hincándome un puñal en el costado

la luz anega todo
tanto así
que ya no existes
no eres carne o cuerpo en vida
y quedas tras la lucha
difuminando el gris enrarecido de un sujeto
cuando dios aún te protegía
tanto

que la inmensidad rompía las reglas
en honor del infortunio
predicando incoherencias a su costa
exagerando el amor de podredumbre
en la premura de penumbras apremiante
tanto
que será todo tu nombre
cuando amanezcan del silencio
los ecos de unas risas extinguidas
y alborotes mi presencia

será todo tu nombre
porque yo seré el extinto
hasta que a bien te atengas
diluir contra el suelo alfombrado
el yerro del mal rayo que nos parta.

La tierra y el cuerpo

«Pero ya el tiempo podrido
contaminaba la tierra».

José Hierro, *«Reportaje», Quinta del 42 (1952).*

I

seré tierra sin masa
volumen en sombras vagabundo
que no vean ya tus ojos
diáspora de corneas
humores putrefactos
invisible a la vista de los otros
aunque existieras solo tú
para acunar la vida de caricias

seré la tierra
que protege sus raíces del deseo
impermeable al adiós de los espejos
donde nada pueda ser injustamente
ni agarrarse a las tripas de un cadáver
a las hojas secas de unos brazos
ni dejar a su abandono
las lúgubres torpezas que barruntan desmemoria
de ahí que tanto abarque sin tocarte
y tanto en mí yo te quisiera
entonces
sin amado amor alguno
cuando bajo los pies ya fermentaba la vida inhabitada

seré la tierra misma
su derrumbe
en el deseo de ser montes y ciudades
de ser orbe que enamore a otros hombres
sin ser nada
impecablemente innoble
alegría del goce desvivido tantos años
minucias en la vida extensible de un anciano
que observe su caducidad
sin frío júbilo ni aliento
insensible e iracundo
sin ver más que tierra envejecida
que aplasten ya los años
las manías
y los días

seré la tierra barbitúrica
infectada de violetas
y tú lo sabes
a los pies de mil fieras indomables.

II

camina el tiempo descreído
dejando huellas de las voces que ensordecen
el jardín
donde callan los árboles
y mueren a sus pies las rosas
en el sediento deseo de las lluvias
de una tierra agrietada
gritándonos heridas que desangran

cómo fue que no tocáramos el cielo
sin ver los límites de la supervivencia
dejáramos el cuerpo abandonado
el goce a su albedrío
cómo fue
cómo que nadie escarbara nuestro lecho
y encontrara podridas las raíces
tierra muerta en manto inhóspito
donde no cicatrizaba
el sudor de las vidas separadas

ser de polvo
eco de la tierra pisada que besaste

como nubes negras de un ensueño
encono maldiciente de otro llanto
cuando a rastras parecía
fuera del mundo
el aroma a la belleza de mi cuerpo
poseído en el te quiero seminal de la mañana

tierra desmedida agosta el cuerpo
en el futuro incierto del invierno
de la piel de cincuenta vivos años
que pasaron sin memoria
enmudecidos
encallados
calladamente ciegos
a sus ojos verdes de penumbra
o tus azules de alegría
en la misma casa inhabitada de la yedra
y tú lo sabes
que hoy agitan las sombras del fracaso.

III

pero a la vuelta de cualquier esquina
ya no hay un jardín
ni parterres florecientes
ni siquiera un bulevar enarbolado
solo humo contenido
que acecha con paso decidido a los hombres
y presagia que todo llega a su final
desprotege a los niños que juegan en la orilla
inflama el sol la tierra ya quemada
se ahogan campos y ciudades codiciosos desde el cielo
y a perpetuidad
ni este amor podrá salvarnos
porque a nuestros pies
todo es nada
vacía el alma dormida
de sentido
de recuerdo
o de mañana

valdrá lo poco o mucho compartido
en las horas aliviadas por afectos
cuando nos mirábamos

y se hacía de día la madrugada
en el metálico aliento del deseo
qué aún levantaba las paredes de la casa
donde
y tú los sabes
conquistábamos a conciencia nuestro cuerpo

vuelve febrero secamente
para el recibo de distancias
con el mismo olor a nubes muertas
y sin el trino de la voz embriagante
de los corros de pasillo
de las risas
de una felicidad diaria paseante
entre los desconocidos del café
que han dejado su sombra clareada
en una tierra con asfalto de espinas enlutadas

en la prisa por ser de primavera
tú te has ido
y los sauces me recuerdan
lacrimosamente
la bondad de las costumbres
cuando llega sin piedad la luz tardía
alumbrando los jardines en un marzo de tristezas.

IV

la tierra está apagada
cuando vuelven los cuerpos cimbreantes
a su lecho
amontonada de lágrimas la vida
en el alcohol que mancha sus dientes
y los pasos pesados
por el amor frustrado de otro sábado

soy yo mismo
un hombre hibernado
mirando de reojo las fotos rescatadas
cuando no escondía cadáveres
ni era hiriente virulencia
a tus sonrisas
soy yo mismo
esa presencia nocturna
que se seca
que marchita
infecunda en el tiempo de jazmines
quien vuelve siendo nadie
prendido de claveles por la madrugada

de un brazo que es sarmiento
anudado a la muerte con ternura

qué inocencia de deseo
y tú lo sabes
hay en esta vida que soporta
la tierra de la casa inhabitada
y anhela florecer
siendo el bulbo de la culpa dolorosa

porque es lo mismo
cuando fue la despedida
iguales en tímidas caricias
se escondía la costumbre
del impuso de besarnos como antes
en el tiempo de los bellos ojos tristes
que explotaban entre miércoles y viernes

porque es igual te llamo tanto
silenciosamente exhausto
y evito con esmero
y sin éxito
la vida de barbecho que desvivo.

V

cuando ya la dicha torne
en el tiempo de vivir intermitente
al final de los días largos
todo será desierto alrededor de la extrañeza
por habernos perdido para siempre

las penas se aparcaron
y nos sorprende
tercamente
la calma sin tragedia
enterrados en la belleza diaria laborable
disuelta en colores la ruina
a pesar del dolor perpetuo anclado al alma
donde no atragantan los días desordenados
ni las rimas descuidadas de reproches sin medida

era todo el mismo fin que aún desconocíamos
y nosotros pintábamos de cielo o chucherías

gracias a la casa que habitamos
a la luz cegadora de poniente
y a esta tierra que sostiene nuestro peso

hemos llegado a amar en la distancia
mis carencias antipáticas
tus industrias dispersas de otros cuerpos
o nuestro error disparatado
que procesionaron largos años
sigilosos
la vida inhabitada que inventamos
y tú lo sabes
por ese afán de ser dios enamorado

así
cuando sobrevuelen el mar los desqueridos
todo será tu nombre
casa
luz
y tierra
que se escupan por mi boca
con desgana
y escondan con vergüenza los amantes

así
cuando yazcan por el suelo los vencidos
todo será tu nombre
y la vida se deshará de nosotros
mutuamente
con la cautela esquiva de una fiera

te habrás ido
yo me iré
y aún seguiré queriéndonos
abrazado a un final desafiante

porque en el último amanecer de los días cortos
han brotado flores sin pestañas
en mis labios descarnados
de hijo malnacido
arrugando el corazón medio vacío
me he asomado a la ventana
mirando valiente mi designio
como ni hace dios en su infinito

porque soy el verbo desechado por los hombres
y barrido del amor en los olimpos.

Málaga, 22 de mayo de 2024

El autor
Javier Bermúdez Gómez

Javier Bermúdez Gómez nace el 7 de febrero de 1973 en Málaga, aunque a los cinco años se traslada a Madrid, donde pasará toda su infancia y adolescencia y empezará a hacer sus primeros versos. Cursa estudios de Filología Hispánica en la Universidad Complutense de Madrid, especializándose en Literatura Española y comenzando los estudios de doctorado sobre teatro breve español. Posteriormente estudia y trabaja durante varios años en dos universidades de Estados Unidos donde vive e imparte clases de lengua y literatura españolas.

De vuelta a España, trabaja en la enseñanza de español para extranjeros durante varios años hasta que accede a la función pública como profesor de enseñanza secundaria en la especialidad de lengua castellana y literatura. Además de ejercer su vocación docente en varios institutos de enseñanza secundaria, ha prestado en varias ocasiones servicio en comisión como presidente de tribunales de oposición de su especialidad hasta el día de hoy que es miembro del Gabinete de Convivencia e Igualdad del Servicio de Ordenación Educativa de la Delegación de Desarrollo Educativo y F.P. en Málaga.

Ha publicado poemas en varias revistas universitarias y estudios de investigación sobre literatura española de los Siglos de Oro como *Anales de Literatura Hispanoamericana* de la UCM o *Paradigma* de la Universidad de Málaga. En 2019 publica su primer libro de poemas titulado *El amor o el desorden*.

ÍNDICE

Nota introductoria ....pág. 11

LA CASA Y EL CUERPO ....pág. 19
I...pág. 23
II ....pág. 25
III..pág. 27
IV ....pág. 29
V ....pág. 31

LA LUZ Y EL CUERPO ....pág. 35
I...pág. 39
II ....pág. 41
III ....pág. 43
IV ....pág. 45
V ....pág. 47

LA TIERRA Y EL CUERPO ....pág. 51
I ....pág. 55
II ....pág. 57
III ....pág. 29
IV ....pág. 61
V ....pág. 63

El autor: *Javier Bermúdez Gómez* ....pág. 71

Este libro terminó de imprimirse en Málaga
un 14 de septiembre de 2024
coincidiendo con el natalicio del poeta
Mario Benedetti
en cuarto creciente.

Impreso en Málaga, España.
Printed in Malaga, Spain.
Imprimé á Malaga, Espagne.